John F. Kennedy

Grace Hansen

ABDO
BIOGRAFÍAS DE LOS PRESIDENTES
DE LOS ESTADOS UNIDOS
Kids

www.abdopublishing.com

Published by Abdo Kids, a division of ABDO, PO Box 398166, Minneapolis, Minnesota 55439.

Copyright © 2015 by Abdo Consulting Group, Inc. International copyrights reserved in all countries. No part of this book may be reproduced in any form without written permission from the publisher.

Printed in the United States of America, North Mankato, Minnesota.

072014

092014

Spanish Translators: Maria Reyes-Wrede, Maria Puchol

Photo Credits: AP Images, Thinkstock, © Dave Nelson / CC-BY 2.0 p.cover, © Warren K. Leffler p.17, © Cecil Stoughton p.11,21, © Abbie Rowe p.15, © Robert Knudsen p.19 / White House Photographs, © Richard Sears p.7 / John F. Kennedy Presidential Library and Museum, Boston

Production Contributors: Teddy Borth, Jennie Forsberg, Grace Hansen

Design Contributors: Candice Keimig, Laura Rask, Dorothy Toth

Library of Congress Control Number: 2014938907

Cataloging-in-Publication Data

Hansen, Grace.

[John F. Kennedy. Spanish]

 John F. Kennedy / Grace Hansen.

   p. cm. -- (Biografías de los presidentes de los Estados Unidos)

ISBN 978-1-62970-384-8 (lib. bdg.)

Includes bibliographical references and index.

1. Kennedy, John F. (John Fitzgerald), 1917-1963--Juvenile literature. 2. Presidents--United States--Biography--Juvenile literature. 3. Spanish language materials—Juvenile literature. I. Title.

973.922--dc23

[B]

2014938907

Contenido

Los primeros años

John F. Kennedy nació el
29 de mayo de 1917. Nació
en Brookline, Massachusetts.

Massachusetts

5

Kennedy era uno de nueve hijos. Tenía tres hermanos y cinco hermanas.

7

Kennedy sirvió en la Fuerza Naval de los Estados Unidos. Luchó en la Segunda Guerra Mundial.

9

Familia

La esposa de Kennedy se llamaba Jacqueline. Tuvieron dos hijos, llamados Caroline and John.

Se convierte en presidente

Kennedy se convirtió en **diputado**. Más adelante, también fue **senador nacional**. Kennedy se convirtió en el 35º presidente de los Estados Unidos en 1961.

13

Presidencia

Kennedy fue un líder ejemplar.
Protegió a los Estados Unidos
de una guerra nuclear.

Kennedy creía que las personas debían ayudarse entre ellas.

17

El 22 de noviembre de 1963,

le dispararon y lo mataron.

19

A Kennedy siempre se
lo recordará. Él unió a la
gente de los Estados Unidos.

Más datos

- Kennedy se ganó un Corazón Púrpura por haber luchado en la Segunda Guerra Mundial. El Corazón Púrpura se les otorga a los soldados que resultan heridos o mueren a manos del enemigo en la guerra.

- Kennedy ha sido el presidente más joven en la historia de los Estados Unidos. Tenía 43 años.

- Kennedy fue partidario de los Derechos Civiles. Él creía en la igualdad de trato de los negros y los blancos.

Glosario

diputado – miembro del Congreso. El Congreso hace las leyes de los Estados Unidos. El Congreso tiene una cámara de senadores y una cámara de diputados. Se reúne en Washington, D.C. para rechazar o aceptar proyectos de ley. Los proyectos de ley son propuestas para leyes nuevas.

nuclear – que incluye armas atómicas.

senador de los Estados Unidos – miembro del Senado nacional. El Senado forma parte del Congreso. Se eligen dos senadores de cada estado. Los dos senadores representan en Washington, D.C a su estado de procedencia.

23

Índice

abdokids.com

¡Usa este código para entrar a abdokids.com y tener acceso a juegos, arte, videos y mucho más!

Código Abdo Kids:
UJK0908